悩みコクフク！子育てBOOKs ❸

子どもの痛みがわかりますか

辻井　正

オクターブ

◉目次

はじめに

　私は今、月に一度、大手デパートの『赤ちゃん相談』の窓口に座って、母親の子育ての悩みに耳を傾けています。そこには大学病院からも小児科医、歯科医、栄養士の先生方が交互に来て、専門的な見地からのアドバイスをしています。

　当初、この仕事を引き受けたときには、子どもの発達上の問題や障害のある子どもの相談が多いだろうと思っていましたが、実際にいざ窓口に座ってみると、「先生、子どもが食べない」という相談が圧倒的多数を占めるのに驚きました。時には、妊娠五カ月目のお母さんから、「お腹の赤ちゃんが元気よく動かない。普通はお腹をけるように動くと聞いていたので心配になり、たびたび病院に心電図を計りに行く」といった話も聞かされています。

　『赤ちゃん相談』の狭いコーナーは、おっぱいを飲ませたり、オムツを交換してしているママであふれています。実に多くのお母さんが汚れたオムツを捨てに行ったり、ミルクの準備をするようなとき、赤ちゃんを平気でベッドの上に寝かせたまま、ベッドから離れてしまいます。私と手助けをしてくれている看護婦のYさんが、赤ちゃんが落ちはしないかと、冷や冷やしながらの見張り役です。実際、私の目の前でベッドから落ちた赤ちゃんもいるのですから。

『赤ちゃん相談』の中で最も多い悩みである「子どもが食べない」と言うお母さんたちに、「食べないときはどうするの」と尋ねると、決まって「ほめる」と言います。しかし、中には「脅す」とまじめに答えるママもいます。祖父母と一緒に住んでいる家庭では、おじいちゃんがご飯を、おばあちゃんがおかずを手に持って、孫にアンパンマンのビデオを見せながら、子どもが口を開けた瞬間に、さっと口に入れるのだそうです。まるで餌を与えるような食卓の光景が目に浮かびますね。

「この子の好きなスープを二〇分もかけて作ったのに、食べない」ので、つい「どうしてママの気持ちがわからないのよ」と、スープを子どもの頭からかけてしまったという母親もいます。激しい泣き声にハッとわれに返ると、服から絨毯までスープでベチャベチャ。あわてて子どもを裸にし、ふろに入れたら、ブルブルと震えていたそうです。

子どもに食べさせたいがゆえに、好きな料理をがんばって作るお母さん。そんなお母さんでも子どもが思い通りに食べないようなとき、思わずムカッとしてしてしまうことが多いようです。

「食べない」の悩みに続いて多いのが、「片付けができない」という悩みです。また、「片付け」と同じくらい親を悩ませるのが、「ぐずつく」のという悩み。「何か用をしようとすると、いつも子どもがぐずつくので、「そんなに泣くなら、最後まで泣かせてしまえ」と放ったらかしにしておいたら、四〇分もしてヒクヒクとか細い泣き声が聞こえた、「抱いてほしいなら、抱いてやるわよ」と引っ張り上げたとたん、力が入りすぎて子どもの頭が壁にガツーンと当たったと、思わず目を閉じたくなってしまうような話もあります。

自分の思い通りにならないとき、お母さんたちは頭にくるようです。

「だって、先生、子どもにイライラしたとき、子どもの頭って、ちょうどたたける手頃なところにある」から、ついついたたいてしまうのかもしれません。

【I】

子供は贅沢品

子育ては「のりのり気分で」

今、子育て雑誌が若い母親たちに支持され、驚くほどの売れ行きを見せています。総発行部数もなんと月に二〇〇万部を超えると聞きました。日本の赤ちゃん出生率は年間一二〇万人ちょっとですから、異様な売れ行きとも言えます。なぜこんなに売れるのか、その秘密はいろいろあるようですが、私自身、寄稿を頼まれるたびに、これらの雑誌をめくりながら、なるほどと感心させられることがあります。それは、育て方がシンプルに極めて具体的に指示されていることです。さらに、雑誌一面に母親からの訴えがそのまま掲載されていることが挙げられます。例えば、「全国のママ、姑の悪口を言う会を作ろうよ」と一人の母親が投書すると、たちまち各地から反響が返ってきます。しかも、それらの投書にはちょっとしたイラストが器用に描かれています。

「難しい子育て理論や心理学的な発達理論を載せると、売れ行きは落ちる」と、編集者が教えてくれましたが、「ガキはどうしてこうもピーピー泣くんですか。ガキを静かにさせるのに、首を絞めてもいいですか」と、冗談めいた本当のような質問が舞い込んできます。昔風の苦労を重ねた、母親の自己犠牲の上に成り立つような子育てなんて、彼女たちはまっぴらごめんなのです。

私が平成ニューファミリーと名付けた彼女たちの家族行動では、パパも子どもも『少年ジャンプ』の愛読者であり、子ども連れでゲームセンターに行き、子どもにはモグラたたきをさせ、自分たちは好きなゲームに夢中になります。パチンコに熱中している間に、子どもが事故に逢うような話も、何となく納得させられるこの頃です。親子が同じファッションに身を包み、街を歩く姿を見ていると、「子育ては軽い気分で、のりにのったルンルン気分で行うもの」のようです。

お子さま市場全盛

若い夫婦に、やや古くさいですが「子を持って知る親の恩」ということわざを教えると、なんと八〇パーセント以上の夫婦が「その意味がよくわかる」と答えたそうです。しかし彼らが言う「親の恩」とは、「子を持つと金がかかる。そこで今まで以上に親の援助が一層必要となり、親のありがたさが身にしみる」ということだそうです。笑って済まされないところに、今日の子育ての現状があります。

生命保険会社の算出によると、子どもを幼稚園に入園させてから大学を卒業させるまでの間に必要な金は、ざっと三千万円。もしオール私立で卒業させれば、三千四百万円かかると言います。これだけの巨額な金がいるならば、なるべく少なく産んで、効率よく楽に育てようとするのも無理はありません。

子育てに巨額な金がかかるとなれば、親の子ども観に変化が起こっても不思議はありません。子どもは明らかに贅沢品的な財産となっているのです。

私が大学の講義で教えているのは児童文化論の一つで、十八世紀頃の子どもの暮らしです。当時の子どもたちは家族の中で、非常に重要な働き手としての役割を担っていました。一般庶民にとっては、一日の労働が生活のすべてであり、家族が食べるだけで精いっぱいな時代には、子どもはしばしば栄養不良や病気で亡くなりました。女性の値打ちは子を産むことであり、何とか七歳近くまで育て上げると、後は家族の労働力の一員として働かせていました。

子どもが家族労働になくてはならない存在から、今日のように贅沢品の一種のような取り扱いをされ始めた時代とでは、子どもに対する親の考えが大きく変わってくるのも無理がないことです。

子どもを贅沢品のように扱う傾向は、七五三などの行事にも見られます。新聞紙上で次のような記事を見つけました。

「招待客は五〇～六〇人。多いところでは一〇〇人以上。お色直しあり、スライド映写ありと言えば、誰しも結婚式を想像するが、これがなんとホテルでの七五三の風景。ミニ結婚式風に仕立てられ、両家の祖父母、親の結婚式の媒酌人をはじめ、親戚、近所の人たちが集まり、食事は七千~八千円まで。七五三用の服はベルベットの定番のワンピースやシャネルタイプのスーツ。男の子は英国調のトラッド仕立て。最後に、キャンドルサービスの代わりに、千歳飴を会場にばらまいてパーティーはおしまいになる」のだそうです。

お子さま文化の上に成り立つ、お子さま消費市場の中で、われわれは毎日、子どもを育てる難しさを否応なしに見せつけられています。親の考え方だけでは子どもを無事に育て上げることは不可能に近いという現実が、私たちの子育て状況とも言えます。

エスカレートする子どもの要求

真君（五歳）はお母さんにとって自慢の子どもでした。近所の評判だけでなく、おけいこごとの先生からも「真ちゃんは本当によくできる素直な子」と言われます。初めは割り引いて聞いていたお母さん自身も、わが子の力を本物だと思えるようになりました。彼はお母さんにとって安心できる子どもだったのです。

彼が何かをやり遂げたとき、例えば、ピアノの発表会で目立つような成績を収めたときなどには、要求するおもちゃを喜んで買い与えていました。たとえ高価なおもちゃを求められても、お母さんは息子の成績に対する満足感のほうが大きく、その要求をすんなりと受け入れていました。そのため子どもの要求が次第にエスカレートしていっても、あまり気になりませんでした。むしろ期待に応える息子に対して、無理をしても買ってやるのが母親の役目と思っていました。

ある日、子どもが犬を飼ってくれと言い出しました。マンションで犬を飼うことは許されていなかったのですが、管理者側と懸命に交渉して、いくつかの条件付きで飼うことを認めてもらいました。「明日、犬が来る」というので、首輪と鎖を買ってもらい、犬の名前をいろいろと考えている真君の姿に、お母さんはうれしくなりました。

次の日曜日、犬が来ました。真君は一日中犬の散歩を楽しんでいました。ところがその次の日は散歩に連れていきません。お母さんは、あれほど犬と一緒に楽しんでいたことを考えると、散歩に行かないのが不思議でしたが、そのうちに連れていくだろうとぐらいに軽く考えていました。しかし、真君は二度と犬を散歩に連れていくことはありませんでした。それからまもなくして、真君の「おもちゃを買って」の要求がますますエスカレートしてきました。お母さんの手に負えない高価なものをねだるようになったのです。「買えない」と拒否すると、今度は「おけいこに行かない」と抵抗します。

⁂

今、真君のお母さんは、息子の能力の発達に目が奪われ、その報酬としてモノを与えてきたことに気が付きました。そして、子どもの成績に自分の喜びを見つけたいがゆえに、彼の要求のすべてを受け入れてきたことに大変後悔をしています。子どもの要求に負けないだけの気力を持つように努力した結果、ようやく真君が「買って」と言っても、贅沢なものには「だめ！」とはっきり言えるようになったそうですが、その反面、子どもの荒れ方もひどくなってきました。

これは真君だけではなくほかの子どもにも言えることです。ものを大切にすることをしらないのです。言い換えれば、彼らは視点をかえてものと接することができません。こうした一方的な捉え方しかできない現象は、自分が主役で遊んでいる時はいきいきしているのに、主役から外れたとたん遊びをやめてしまう子どもにも共通して見られます。

今はお母さんも苦しいときですが、真君自身も戸惑いとイライラの時間を過ごしているはずです。ここはもう少し今の努力を続け、この葛藤を二人で乗り切りましょう。必ず、新しい親子関係の道が開かれます。

【Ⅱ】

わが子しか見えない

園児たちの生活異変

保育所や幼稚園では今、「子育て戦争の真っ最中」と言っていいほどの状況に陥っています。保育者たちが親の子育て観の変化に付いていけず、「子どもを育てるのはいったい誰なの？」と、両親たちに強く問いかけているのです。

「朝食を食べさせない親が結構いる」と、園長たちは嘆きます。朝食抜きの問題はかなり以前から話題に上っており、保育園や幼稚園では「朝食を必ず取らせるように」と、親にたびたび忠告してきました。「ちゃんと食べさせていますか？」と聞くと、「もちろん食べさせていますよ」とお母さんたちは白々しく答えるそうですが、保育者の目から見れば、朝食抜きの子どもは一目瞭然だそうです。なぜなら、年少さんは午前のおやつが待ちきれないといった様子でガツガツ食べるし、年長さんはお腹がすくらしくて、給食までイライラして落ち着かない様子です。

「本当に食べさせているの？」とさらに問い詰めると、「だって先生、私はOL時代から、朝はコーヒーとタバコだけだったから」とのこと。それで子どもも朝食抜きとは、「開いた口がふさがらない」という保育者たちの困惑がよくわかります。

幼稚園の中には、週に一回ぐらいの割合で親の手作り弁当持参を義務付けているところがあります。その様子を見ると、今はやりの「ほっかほっか弁当」を買い与えてきたり、デパートの食品売り場から高級フランス料理を買ってきて、それをそのまま弁当に詰めてくる親もいるそうです。そうかと思えば、母親が「園長先生、うちの子ハンバーグが大好き」と言っていた子どもの弁当を何気なくのぞいたら、ご飯と大きなハンバーグが一つ入っていた。ところが、それはビニールに包まれたままのハンバーグだったという、つい笑ってしまう話もあります。それ以来、園長は弁当持参日にはハサミを片手に部屋を巡回しているそうです。極めつけは、遠足のお弁当の話。主食はご飯だが、おかずはなんとバナナだけだったとか。

日本人が習慣にしている弁当は日本の食文化と深く関わってきたらしく、私たちにとってはごく当たり前な弁当でも、外国籍の母親には理解し難い一面があるようです。中国人の母親から、「中国では冷たいご飯を食べる習慣はないし、日本のお弁当や、いろいろな色彩を添えて中身を充実させる意味がわからない」という話も聞きました。

もしかすると、今どきのママたちにとって、日本の文化から生み出されてきた習慣や生活方法は、もはや遠い国の文化になりつつあるのかもしれません。

園児たちの生活異変は食事のみにとどまりません。私立の幼稚園の多くは通園バスを持っていますが、入園時の母親たちの園に対する要求は、バスを自分の家の近くまで運行してほしいということです。この件をめぐって、毎年のように一悶着があります。もし、母親の気に入らない運行だと、さっさと他の幼稚園に変わったり、時には集団での入園拒否もあるようです。また、帰宅時のバスが子どもを降ろす場所に来ても、母親が何らかの都合で遅れた場合、今まではグループのお母さんたちにその子どもを預けさえすればよかったのですが、昨今では喜んで引き受けてくれる雰囲気ではないので、再び幼稚園まで連れ帰るそうです。

また、運動会の風景でよく見かけるようになったのが、お父さんたちがビデオ片手にわが子の撮影に夢中になっている姿です。先日もある幼稚園の運動会で、父親の一群が高い台の上に乗って撮影に夢中だったとき、一人のお父さんの後に付いてきた子どもが、弾みで台から転げ落ちてしまいました。大声で泣き出したのを見たほかのお母さんが、「お父さん、子どもが泣いてる、泣いてる」と伝えると、そのお父さんは子どもを抱き上げるどころか、「あっ、あっ」と言いながら、ビデオのファインダーを泣いている子どもに向けたといいます。

相手の痛みがわからない

最近の幼稚園は三歳児保育が盛んに行われています。保育園においても状況は同じです。年少さんの子どもの多くは自分の要求や気持ちをうまく言葉で表せないために、ついつい身体や腕力で表現してしまいます。保育者がちょっと目を離したそのすきに、相手の髪の毛を引っ張ったり、かみついたりしてしまうのです。これは子どもにとって日常茶飯事の出来事です。

問題は子ども同士よりも、傷あとを見つけた母親が翌朝幼稚園にやって来るなり、「先生、うちの子をちゃんと見てくれてるんですか！」と、すごい剣幕で抗議をしに来ることです。園長、担任そろって「お母さん、ごめんね。今度は気をつけるからね」と謝ると、以前は素直にうなずいてくれるお母さんが多かったのに、昨今は決まって「先生、相手は誰ですか？」と尋ねると言います。相手の名前を言おうものならもめ事をますますややこしくするだけに、決して教えないそうですが、そうなると、今度は家に帰るなり、わが子にクラス中の子どもの顔写真を見せて、犯人探しが始まります。二、三歳の子ども同士のケガは、被害を受けた子どもも、間違いなく相手の子どもに何らかの攻撃をしているに違いないのですが、そんなことは頭に浮かぶ余裕はなく、あるのは可愛いわが子の姿だけです。

　わが子の姿しか目に入らない親に育てられた子どもは、当然、自分中心にものを考えます。保育歴二〇年のベテラン保母が、「この頃の保育は疲れる」と言っていました。もちろん年齢的なこともあるのでしょう。しかし、以前は膝座りをしながら片方の膝に一人を抱き、もう一方に一人、時には真ん中にもう一人と抱きながら保育をしていたそうですが、今どきの子どもは抱きかかえている子どもの横に、もう一人を招き寄せようとすると、たちまち相手を排除するように、押しのけてしまうらしいのです。それで、ついつい一人一人を抱きかかえるように相手をせざるを得ない。そのため疲れが一層ひどくなると、彼女はこぼします。

子どもの遊びを見ていて気が付くのですが、自分という「一人称」においてはうまく振る舞っていても、第三者という「三人称」に対しては無関心を装っています。しかも、一番大切な目の前にいる相手である「二人称」の気持ちと交流し合って遊ぶ、例えば、会話を複雑にやり取りしながら遊びを展開するような姿が、めっきり減ってきました。

しかしわが子主義に走る親を一方的に非難しても、問題の解決には程遠いと思います。親、特に母親たちの気持ちの奥には、子どもを大らかに育てる大切さが建前としてはあるものの、現代の子育て競争社会の厳しさを肌身で感じているというのが現実だからです。母親の「勘」で、子どもがこの競争社会で生き抜くために何をしてやればいいのかを、本能的に見抜いているとも言えます。

サル社会では集団が大きく複雑になり、年増のメスの割合が増えるに従って、若いメスザルの出産率は減少するといわれます。なぜなら、サル社会では若い母親ザルの力が年増のサルに押さえられ、過重な負担を負わなければいけないがゆえに、若いメスザルの子育ては楽な状況ではなくなるからです。ところが数年して、年増のサルの数が減っていくと、メスの出産率は上昇し始めるのです。若いメスザルたちは、単にサル社会の種の存続のためだけに出産するのではなく、自分たちにとって一番都合の良い状況を選んで子どもを産み育てているのではないか、と私には思われます。

七人の仮親

育て方の問題よりも、今日のように高度に円熟した暖衣飽食の消費社会では、「産む」という本能も弱くなってきているような気がします。私は神戸の女子大で週一回の講義をしていますが、校舎までの長い坂道を学生たちに混じって歩きながら、つくづく最近の女子大生のスリム化に感心させられています。ダイエットのためには朝食抜きで、昼は簡単な菓子パンとダイエット栄養食を口にしているだけという姿もたびたび見かけます。ほっそりとした体つきと腰の細い体型は確かに美しいかもしれませんが、はたして「このような虚弱な体型で赤ちゃんを産むことができるのか」と、素人ながら心配してしまうのです。

知り合いの医師にこの話をしたら、彼の病院でも切迫流産に近い状態の妊婦や未熟児の出生率が多くなってきたそうです。女性だけの問題ではなく、男性の精子射出量も減ってきているという記事も読んだ記憶があります。社会生活が高度になるにつれて、子孫を産み、育て上げるという本能が薄れてきているのでしょうか。

一児豪華主義の風潮の世の中では、わが子だけをますます大事にするのは仕方がないことかもしれません。しかし子どもを育てる秘訣の一つは、他人の目を通してわが子を見ることだということに、お母さんが気が付いて欲しいとおもいます。

日本流子育てのおもしろさに、生まれた子どもをいったん家の外に捨てる習慣がありました。外に捨てた赤子を通りがかりの他人に拾ってもらい、それから家に迎え入れたのです。私などもしばしば親から「おまえは橋の下で拾ってきた」と脅かされた記憶があります。このような風習にはいろいろな歴史的な事情が隠されていますが、他者の手を通してわが子を育てるという、われわれの先祖が考えた子育ての知恵も含まれています。

もともと、家庭で出産という行為を営んでいた庶民にとって、近所の助けがなくては、産み育てることが不可能でした。陣痛に苦しむ妊婦に対して、産婆さんと一緒にその出産を助けた隣のおかみさんは「取り上げ親」、おっぱいの出が悪い母親に代わって赤ちゃんに授乳してくれた女性は「乳親」、赤ちゃんに名前を付けてくれたおじさんは「名付け親」と呼ばれていました。生まれた子どもの周りには、たくさんの他人がいたのです。

こうした風習は、何も日本に限ったことではありません。ドイツにも「仮の親」という風習があります。

ドイツの私の友人には、ダウン症の障害児がいます。彼とはしばしば手紙のやり取りをしているのですが、その話によると、息子のミハエルに教会で幼児洗礼を受けさせるときには、「七人の仮の親」が子どもに付き添ったそうです。

古くからのドイツの習慣の一つに、幼児洗礼を受けさせるときには、教会に七人の大人がやって来て子どもの周りを取り囲み、洗礼式を行うのだそうです。彼らは親しくしている親戚や近所の人たちで、子どもの親から「仮の親」になってくれるように頼まれます。七人の「仮の親」たちには、洗礼を受けた子どもを一年に一度だけ、自宅に招待して一緒に食事をする義務があります。ダウン症のミハエル君が仮の親たちに祝福されて、食卓を共にしている姿は、想像するだけで楽しくなる話です。

子どものそばには、朝、顔を会わせると「おはよう」と声をかけてくれる人、いたずらをしていると「そんなことをしたらアカン（ダメ）」と言ってくれる人、元気がない子どもには「どうしたの」と気遣ってくれる人たちがいるということを、われわれ大人はぜひ伝えていきたいものです。

わが子のことで頭がいっぱい

ある母親から「同じ幼稚園に子どもを通わせる母親たちから冷たい目で見られるので、幼稚園をやめようかと思う」と、まるで母親が登園拒否になっているような相談がありました。自分の子どもがちょっとほかの子にいたずらをしたら、その子の母親が真剣な顔でわが子を叱り、そのほこ先が母親にも向けられるようになったというのです。

最近の幼稚園は三歳児保育が盛んで、時には徹夜に近い状態で入園願書を提出する幼稚園もあるぐらいです。しかし、三歳児が入園してくると、幼稚園側の悩みも増えてきました。

三歳児には、自分のことをまだ十分にできない子どもがたくさんいます。また、特に遊びや友だち関係がつくりにくい子どもが多く、何かと言えば、相手の髪の毛を引っ張ったり、たたいたりし合います。それにもかかわらず、わが子の腕に噛み付かれた歯形を見つけると、幼稚園側に抗議を申し込む親が増えてきました。

健ちゃんのお母さんも、自分の子がいじめられているのではないかと、そのことが頭にいっぱいで、園長に食って掛かりました。主任の先生が出てきて「ごめんね、ちゃんと消毒しておいたから。これからは気を付けるからね」と言い訳をしても納得しません。「相手は誰ですか？」の一点張りです。わが子も相手の髪の毛を引っ張っているかもしれないのに、彼女の頭に浮かぶのは、わが子がいじめられている光景だけです。そんなある日、健ちゃんのお母さんは幼稚園に子どもを迎えに行ったとき、健ちゃんがほかの子をたたいている姿を目撃しました。しかも、家の中ではめったに見せないような激しい怒りを含んだたたき方でした。彼女がハッとしたのは、自分が怒り心頭に発したときと同じ形相が、わが子の顔に現れていたことでした。「親は自分が罰せられたと同じやり方を子どもにする」といわれますが、子どもはいつのまにか知らないところで親のやり方を身に付けているのです。

健ちゃんのお母さんに限ったことではないのですが、母親たちが自分の子どもしか目に入らない子育てをしている姿を見ると、私は残念でたまりません。「子どもは家族ばかりでなく、他人の手を通しても育つ」という意識を親たちがしっかりと持てば、子どもたちの自立にも良い影響を及ぼすのに…と思うからです。

【Ⅲ】

子育ては十のうち九つが地獄

一つの天国を見つけよう

子育て相談を長くやっていて気づいたことの一つは、子育て相談には、人生相談やカウンセリングとはやや異なるテクニックが必要だということです。それは、具体的に、今、何をしなければいけないかを、母親がイメージできるように、目の前に提供するテクニックです。もちろん教訓的であったり、親の態度を責めるようなことは論外ですが、要するに、彼女の父母になったような気持ちで諭すように話し掛けるのが良いようです。私にも一つのパターンのようなものがあって、母親の訴えを聞いた後で、お決まりのねぎらいの言葉を伝えます。「子育ては十のうち九つは地獄のようなもので、たった一つの天国で九つの地獄を支えるんや。みんなそうやって子どもを育ててきたんやから、一つでいい、子どもの天国（良い点）を見つけたらどうや」と教えます。この言葉に大抵の親はほっと安心する様子を見せますが、次に出てくる彼女たちの告白めいた話は、まさに今様のお母さんの気持ちです。

「先生、学生時代は良かった。親のすねをかじって、好き放題にスキー、テニス、カラオケ、それにワクワクするような恋愛にも夢中になったし、海外旅行にも二度行った。就職すると若い女性というだけで、周りの男性からちやほやされたし、それ以上に仕事がおもしろくて、展示会や決算の棚卸しの後、決まって打ち上げの飲み会と、毎日が忙しく充実した時間だった。それでもやはりあこがれの結婚をしたくて、ついにゴールイン。結婚式でゴンドラに乗った。そして出産。そこまでは良かったのだけれど…」と、次第に彼女の顔が曇ってきました。

余談になりますが、今どきのお母さんには薬臭い産婦人科は流行りません。ホテルのシェフ出張のフランス料理のフルコースを食べて出産に臨む病院に、妊婦さんの人気が集まっているという話も聞きました。そうしてバックミュージックが流れるホテルのような個室で、初めての赤ちゃんを抱くのだそうです。「初めて自分の赤ちゃんを胸に抱いたときの感激は、終世忘れられない」し、赤ちゃんが看護婦さんに連れられて新生児室に帰っていく姿を見ていると「私は子どもが好き」と思い込んだというのが、多くのママの言葉です。
ところが、病院から実家、そして再びマンションに戻ってきて気が付いたことは、「夫の帰りが遅い」こと、夫の帰りが遅いときに限って「子どもに何かが起こる」こと、「あれほどミルクを飲んでいた子がまったく飲まなくなった」うえに、「なぜぐずつくのかがわからないから」イライラの連続になるということです。しかも「どうして私だけが夜中に二度、三度と起きて、オムツを替えなければいけないの！　この子は私をいじめるために生まれてきたの！」と憎しみさえ覚える、というお母さんが結構います。彼女の人生で「初めて思い通りにならない者が現れた」というのが本音のようです。

「多くの親は、わが子が赤ちゃんのときから、その子が泣いたり、暴れたり、ぐずついたりする姿を見るとムカムカとして、厳しいまなざしを子どもに向けるだけでなく、子どもの気持ちを押さえるような行為をする」と、スイスの精神科医アリスミュラーは述べています。そして

「このような環境下で育てられた子どもの多くは、成人してから他者の気持ちをくみ取ることが下手で、いじわるい性格に育つ傾向がある」と言います。

「子どもを好きになれない」「イライラしてつい手が出てしまう」という、母親の嘆きに近い相談が増えてきたことは確かです。「先生、本当にこの子が憎い」と、子どもを目の前にして言うママもいます。いったい何が彼女をそこまで追い込むのでしょうか。

マスコミで騒がれている幼児虐待のように、子どもの体にアザをつくったり、骨折をさせるといったひどい話は、私の相談では聞かされていませんが、「たたきそうになる自分が恐ろしい」といった涙ながらの訴えは少なくありません。実際、「あまりうるさく泣くときは、押し入れに何時間も入れたままにしておいた」とか、「昼寝をしないときは、布団にくるんで押し付けるようにして寝かせている」といった話は、日常茶飯事です。

彼女たちの誰一人として、子どもが憎くてたたいているのではありません。子どもというのは、親の言うことを聞き従うものだと、彼女たちの多くが思い込んでいるために、目の前の子どもがその通りにしないと腹が立つだけのことです。要は思い通りにならないことが原因なのです。叩きたいという衝動にかられたとき、いったん外に飛び出すなど、すぐその場をはずすこともあとで後悔しないための一つの手です。そして深く息を吸ってから戻ることです。きっと恐ろしい衝動は消えているでしょう。

不満の原因は、やっぱり夫

「なぜ、たたくの」と尋ねると、大まかに言って「誰に相談していいのかわからない」と「なぜ子どもがぐずつくのか、その理由がわからない」に尽きます。しかも「相談相手がいない」。そう答えた人に「もし、相談するとしたら、誰にするの」と質問すると、答えは決まって「夫」と返ってきます。これは一見当たり前のような答えですが、しかし、相談相手が夫しかいないという現実もまた、彼女たちを追いつめていく原因の一つなのです。

夫が帰ってくるなり玄関先で待ちかねたように、今日あった出来事をしゃべったり、食卓に座るや否や「ねえ」と話し掛けると、「夫はさっと夕刊を開いている」。夫が読む薄い夕刊の向こう側には政治や経済の世界が広がっているが、「私のほうは、もんもんとした子育ての悩みばかり」と嘆くお母さんもいます。「釣った魚には餌いらぬ」といったことわざを自慢ありげにする男性もいるほど、相対的に言って、私たち日本の男は妻に対する情緒的なサービスができず、幼稚さを持ったまま一家の主になるケースが多いのも事実です。

「結婚前には、あれほど多くの異性と付き合い、人生や趣味を語り合ってきたのに、結婚してこの方八年、しゃべる異性と言えば、たまに来る宅配のお兄ちゃんぐらい」と、笑うお母さんもいます。「夫とだって、結婚前には当然喫茶店で何時間もしゃべり合っていたのが、結婚して数年もすると、お互いの会話は子どものことぐらい。私の実家の話でもすれば、彼には自慢話のように聞こえるらしいし、彼の実家の愚痴でも言おうものなら、たちまち石仏になってしまう」ので、やっぱり無難な子どもの話に落ち着くそうです。

結婚前には、好きなように人生を謳歌してきただけでなく、彼女たちの多くはバリバリと仕事をこなし、男性相手に堂々と渡り合うのが普通でした。それが子育てを始めると同時に、そのキャリアと豊富な体験をすべて捨て去るような日常が待っていたとしたら、彼女たちの不満が子どもに向かうのも無理はありません。

「妻として、あなたの今の不満は？」という調査結果を読んだところ、彼女たちの最大の不満は「夫」でした。具体的に「何が不満なのか」の問いには、「わがまま」「すぐ不機嫌になる」「家事に協力しない」「仕事とゴルフばかり」という答えが挙げられていました。調査の中に、「今は不満はない」との回答がいくつか混じっているので、そう答えた人たちに「不満がないのはいいですね」と問い返すと、「もうそんな気にもならないほどに諦めた」とのこと。「諦めたとは言っても、心の中にはモヤモヤしたものがあるのでしょう」と聞くと、「いっぱいある」そうです。「そのモヤモヤをどのようにして解消していますか？」と尋ねると、「子どもに当たる」が一番多いと、報告されていました。

夫から妻への子育て援助は、家事を手助けしたり、子どもと遊ぶ時間を持ったり、保育所の送り迎えをすることだけではありません。彼女たちの人生の生きがいを「子どもがすべて」から切り離すための精神的な援助こそが、夫にしかできない役目なのです。

過去から逃げないで

「父親の大きな手が印象的でした」と語るYさんの顔は苦しそうでした。彼女の父親はとても優しい人でしたが、お酒を飲むと母親に暴力を振るいました。彼女は母の手に引かれて父親の暴力から逃れたことを、いまだにはっきりと覚えていると言います。また、その姿が頭から離れないだけでなく、子ども時代の自分がわが子と重なり、「子どもを素直に好きになれない」と言います。また、暴力におびえ、父親の言いつけをすべて堪え忍ぶようなつらい子ども時代を過ごしたというのに、自分の子どもが言うことを聞かないと、「なぜ、この子は私の言うことを聞かないの！」と、つい手が出るそうです。子どもが「ママ、ごめん、ごめん」と泣き叫ぶと、それが自分の幼児期の声と重なって、一層腹が立つとも言います。

「人は自分が育ったようにしか子どもを育てない」という言葉は、私のように人さまの子育ての悩みに耳を傾けている者にとっては、実に重い意味を伴って響きます。「自分が罰せられたように、わが子を罰する」という事実を彼女は再現しているのです。しかし、彼女自身もこの事実をしっかりと把握しており、「夜、布団の中で、たたいた子どもの体と同じ場所を自分でたたいてみる」と泣きながら言います。

本人自身が身にしみて感じていることは、私が口先だけで変えられるような簡単なことではありませんが、彼女が自分の口から言った言葉が、私に大きなヒントを与えてくれました。それは「酒を飲んで暴れる父親から逃れるために、母の手に引かれて路地裏を走った自分を鮮明に思い出した」と言い始めたのです。Yさんは今、わが子との葛藤を通して、ずっと心の奥底に隠していた自分自身がよみがえってくるのを感じています。「母の手に引かれて必死に走った自分」を悲しみとともに思い出すことで、彼女は目の前で「ママ、ごめん、ごめん」と叫んでいるわが子を受け入れ始めたのです。

私たちの多くは、自分の幼児期に家族や親から受けた罰や傷をそのまま隠し続けることで、安全な人生を選ぼうとしますが、自分が家族を構成する時期になると、隠し続けてきた過去が思わぬ形で表出し、子どもを前にして、内面の葛藤に苦しむことになります。たとえ苦しくとも、一度は隠された自分の過去を直視し、子供だったときの自分を発見することが必要なのです。

【Ⅳ】

スキンシップ信仰

子どもとの関係を考え直そう

私が担当する大手デパートの『赤ちゃん相談』は、おもちゃ売り場の近くにあります。お母さんたちが子どもを連れて相談に来ます。先日も、赤ちゃんを胸に抱いて、三歳ぐらいの子どもの手を引いた母親が椅子に座りました。ふと後ろを見ると、小学生のお姉ちゃんも付いてきていました。話を始めようとしたら、男の子がしきりに母親のスカートを引っ張りながら「ねえ、ねえ」と、何やらねだっています。たぶんおもちゃ売り場を通ってきたのでしょう。おもちゃのことで頭がいっぱいのようです。母親も買ってやる約束をしていたらしく、「ちょっと、待っててね」と優しくさとしていたのですが、私たちが話し始めると、また催促が始まりました。「待っていなさい」と、母親の甲高い声を聞くなり、子どもは「わあー」と大声で泣きながらそのスカートを強く引っ張りました。すると、突然、お母さんが赤ちゃんを片手に抱いて立ち上がり、「もうイヤー、ママだって、ママだって」とわめきながら子どもを強くたたき始めたのです。

もう一つ、最近目撃した同じような光景をお話ししましょう。わが家の近くのスーパーに買い物に行ったときのこと、子連れのお母さんとドアですれ違いました。私がその親子を先に通すと、彼女は軽く頭を下げて通り過ぎました。感じの良いお母さんです。ドアの内側にはショッピングカートが並べられていました。彼女はその一つを手にすると、子どもが下の荷台に潜り込んで、底に座ろうとしました。しかし二歳ぐらいの子どもなので潜り込むのに手間取り、何度もやり直しています。母親も気が急いていたらしく、「早く、早く」と急かします。少し手を貸せば、子どもはすっぽりと潜れるものを、じっと上から見ているだけです。子どもの体が半分荷台に入った状態で、彼女は車を押し始めました。子どもはおびえて「ママー、ママー」と、下から恐怖の叫びを上げました。彼女は子どもの叫びを聞いて、なんと自分の片足で子どもの体を強くけり飛ばしたのです。足でけられた子どもは、その弾みですっぽりと荷台に収まりました。

ここに出てきた母親は、決して虐待ママではありません。日頃は子どもを大事にしているはずです。彼女たちは単に子どもとの関係の取り方が下手なだけなのです。

日本の母と子は、添い寝、親子が川の字になって寝る、おんぶ、といった形のスキンシップをします。明治時代に日本にやって来た西洋の宣教師は「彼女たちはどこに行くにも、野良仕事をしているときにも、子どもを背負っている」と、驚きの目で日記に書き残しています。西洋の自立型子育ての伝統では、日本の情緒的なスキンシップ子育ては珍しかったようです。

世間ではこうした接触嗜好をまだまだ支持する傾向が強く、若いお母さんたちの気持ちの中にも、子どもと一緒にいることが役目だという意識が強くあります。子どもも母親とずっと一緒にいることに慣らされているので、自分と母親が感情的に一体化してしまい、母親の気持ちを無視して振り回す傾向が強くなっています。

スキンシップ信仰

53

スキンシップだけが大切なのではありません

私がドイツで生活していたときの下宿に、赤ちゃんを育てている夫婦がいました。彼らの赤ちゃんとの接し方を思い出すと、日本とはやはり違った子育て文化だと思います。夜、おっぱいをあげた後はベッドに入れるのですが、夫婦の寝室の横に赤ちゃん用のベッドが置かれていて、いったんそこに赤ちゃんを寝かせたら、よほどのことがない限り、赤ちゃんが泣いてもベッドのそばに駆け寄りません。夫婦の生活と子どもの生活がはっきりと分離されているために、赤ちゃんは「泣いても誰も来てくれない」という学習を早くから身に付けます。そのせいか、一般にドイツの赤ちゃんは静かです。それに対して、日本の赤ちゃんは「泣きさえすれば、何とかなる」という学習をするためにやかましく、しきりに泣く子が多いように思います。

子育てのやり方はそれぞれの文化的な背景から生まれてきたものだけ

に、価値を簡単に判断できるものではありませんが、最近の日本の若いお母さんたちの子育てを見ていると、日本流であれ、外国流であれ、そうした文化的な土台をすっかり崩し去ったやり方が目に付きます。

ややもすると私の考え方は、スキンシップ子育てを否定しすぎると非難されることがあります。その非難の背景には、私たちの気持ちの中に今なお根強くおんぶ、抱っこの伝統的な育て方を善とする考え方があって、その役割を子育てを担う女性に押し付けているという現実があるからではないでしょうか。

それではどうして「おんぶに抱っこ」が最善とされる考え方が支持されているのでしょうか。かつては女性が赤ちゃんにおっぱいを与えるとき、継続的に同じ女性から授乳されれば、赤ちゃんはその女性に本能的な愛着を感じる。それが子育てに大切なことだという考え方が一般的でした。しかし、いくつかの心理学的な実験の結果、子育てに大切なのは必ずしも授乳ではなく、母親の温かさ、柔らかさ、そして優しさという考え方が導き出されるようになりました。

その一つが、アメリカの心理学者がサルを使って行った実験です。この実験では、生まれたばかりのサルの赤ちゃんを母親から切り離して別のオリの中に入れ、二つの人形の母親ザルと同居させます。一つは針金で作られた、いかにも冷たい感じの人形ですが、ミルクはこの人形から出る仕掛けがしてあるために、子ザルは針金の母親の膝の上で育ちます。もう一つの人形は、まるで本物の母親と同じように、温かくて柔らかい布で巻かれています。これらの母親のもとで成長したサルに、ある日、怪獣の縫いぐるみをほうり込み、ショックを与えます。すると、子ザルはどちらの母親に飛び付くでしょうか。授乳を行う針金の母親でしょうか、それとも何もしてくれないけれども柔らかい肌をした母親でしょうか。答えは、柔らかい肌をした母親でした。

こうした一連の実証は多くの教育学者や母親に影響を与え、スキンシップ信仰を一層強めました。温かさや優しさが子どもの養育に欠かせない要素であることが、あまりにも強調されすぎ、やはり「育てるのは女性が適している」と断定する人まで出てきました。専門家の中には、言語発達の遅れや生まれつきの障害を持つ子どもの母親に対して、抱っこ、おんぶを重視するスキンシップを勧める人まで現れました。そうすることで子どもとの情緒的な結び付きをつくり、治療に役立つと考えたのです。

確かに、子どもが温かさを心の基地にして育つという説に異論はないのですが、こうしたサルを使っての実験をうのみにしたり、極端にスキンシップだけを強調する傾向にはやや問題があると思います。なぜならサルはもともと抱き付いたり、触れることが好きな動物だからです。また、人間の赤ちゃんは抱かれることも喜びますが、もっと嬉しがるのは「見る」ことだからです。じっと見ている時間も多いし、母親など親しい人にのぞかれることも大変喜びます。もちろん、声を掛けてもらうことも大好きです。「おんぶに抱っこ」に象徴されるような肉体的な接触(スキンシップ)に偏らず、子どものほかの五感をも重視して子育てを楽しもうという私の子育てアドバイスは、こうしたささいな喜びを大切にするところから生まれています。

「子どものそばにいなければ」「子どもと遊んでやらなければ」という

強迫めいた意識にとらわれすぎると、子どもとは遊べないものです。もっと気楽に子どもと触れ合いましょう。遠くから子どもに視線で合図を送ったり、声を掛けるだけで、子どもは嬉しいのです。「しなければ」という意識と、実際に「していること」が違えば、親はますます不安になり、自分のしていることに苛立ちを覚えて、叱ったり、たたくような行為に走りがちになります。

ある保育園から次のような話を聞きました。その保育園では乳児保育用の保育室がなかったので、しかたなく園長室を改造して赤ちゃんを預かり、男性の園長もその部屋の片隅で事務仕事をしていたそうです。彼は保育を受け持ってはいなかったのですが、赤ちゃんたちのそばで電話をかけたり、暇なときは赤ちゃんたちに話し掛けたりしていたようです。するとその部屋で育った子どもたちは大きくなるにつれて、「エンチョウ、センセイ、エンチョウ、センセイ」と、彼の後を慕って歩く子が多かったというのです。

子育ては気楽にやってこそ楽しいはずです。一過性の仕事ではなく、気の遠くなるような時間と、繰り返しが続く日々の行為なのですから。手っ取り早い効果を子育てに求めないほうが賢明です。

夜尿で悩む

小学校五年の担任の女の先生が修学旅行の際、ある母親から「娘がぐっすりと眠りに入ったら、布団の下にビニールのシーツを敷いてくださいい。早朝に、子どもが目を覚ます前に、濡れたシーツは取り替えてください」と言われたと聞かされたとき、私は何を言っているのか、その状況がつかめませんでした。

「娘はよく出来た子で、おもらしの失敗もめったにない子」だったのに、そうでなくなったのは幼稚園の初めての運動会で鼓笛の演奏をしたことが

きっかけだったと言います。まじめなその子は、それまでも熱心に練習をしていたそうです。母親も、「わが娘のまじめさを誇らしく思うぐらいだった」そうです。しかし、運動会の当日、緊張した子どもは大きな間違いをしてしまいました。先生から「どうしてあんなことで失敗するのよ」ときつく言われ、それから幼稚園に行くのを嫌がるようになったと言います。

母親は「よく出来る、真面目な子」というイメージが強かっただけに、「嫌がる子どもを叱咤激励して」通わせたそうです。夜尿が始まりかけたのはその頃からです。夜尿を一番気にしたのが本人で、「ママ、今夜起こしてね」としつこく催促してから寝るのですが、夜中に起こす前に、すでに失敗をしていることが続いていたようです。

今、その子は小学校五年生です。いまだに夜尿の失敗が毎晩続き、かつてのような明るさもなく、時には別人かと思うほどに、母親との会話もなくなったといいます。クラスの子どもは夜尿のことを知りません。だから担任の先生が密かに修学旅行先で、母親から預かったビニールシ

スキンシップ信仰

61

ーツを敷いていたのです。

夜尿対策は実に頭の痛い話ですが、大抵の子どもは失敗をしていても幼児期にそれを克服します。この子のように長く引きずる子どもの場合、まず、失敗を悪いこと、恥ずかしいことと意識させない努力をしますが、子どもにその意識を持たせないことよりも、親の意識の中からそれを取り除くことが大切です。親子の間ではその失敗を隠さないで、子ども自身が濡れたシーツを毎回取り替えるのが当たり前になるぐらいの大らかさが必要です。そして、世の中には、脊髄が破損されて幼児期から排尿が自由にできない人がたくさんいることも、教えてやりましょう。その後は、時間の勝負と、本人が「失敗ぐらい」と軽く考えられるような気楽な生き方ができるように、サポートしてやることだと思います。

【V】

わが子が好きになれない

家庭の中の悪玉さんと善玉さん

「先生、私、どうしても自分の子でありながら、長女が好きになれない」と真剣なまなざしで言うママがいました。そんなとき私は血のつながり以上に互いの相性の怖さのようなものを感じてしまいます。女性好みの週刊誌などにはやや大げさに「相性について」と取り扱われますが、相性というのは男女間ばかりでなく、親子の間にも存在します。

好きになれないと言うママに「どんなお嬢ちゃん？」と聞くと、「おとなしくて親の顔をうかがうタイプで、自分がやりたくないのに、母親から言われると嫌なことでもやろうとするのが見え見えで、平素から好きになれない」と言います。夜、テレビを見ているときに「明日の準備をしたの？」と尋ねると、「うん」と答えたのに、翌朝、「あれがない、これがない」と、遅刻するぐらいノロノロと探している。ついつい「だから、夕べあれほど言ったでしょう」と甲高くののしると、ジロッと上目遣いに母親をにらむ。その目つきが「主人そっくり」なので、一層大声で叱ってしまうのだそうです。

長女に対してあれほど悪口を言っていたママが、「先生、二つ年下の男の子は可愛いの」とも言います。可愛いというよりも、その子のすることなら、すべてがよくわかるのだそうです。彼女の話を聞いていると、人間関係がもめるほどの大家族ではないのに、いや、かえって、核家族だからこそ、難しいドロッとした関係になるのかもしれません。

小さな家族集団の中では、不思議なことに、いつも叱られている子どもが一人決まっているようです。例えば、彼女の口から出たのは、「偶然に娘と台所で顔を合わせただけでも、何をしてたの！」と、きつい調子で叱ってしまい「自分が嫌になる」ということでした。台所にたまたま立っていただけなのに、叱られているようなタイプの子どもが家の中にはいます。「悪玉さん」と呼ばれる子どもです。なぜ、家族の中にこのような嫌われ方をする子どもがいるのでしょうか。

思えば「悪玉さん」は不思議な子どもだと思います。熱を出すと言えばこの子、大きなケガをすると言えばこの子、学校から呼び出しと言えばこの子と、まるで家族のトラブルメーカーのような存在です。しかし、よく考えてみると、子どもにトラブルが発生したおかげで、家族の関係が引き締められたような経験が、どの家族にもあるのではないでしょうか。わが家でも、夫婦の仲がたるみかけていたとき、長男が近所の子どもを野球のバットで殴り、夫婦そろって謝りに行った記憶があります。わが家には大変な事件でしたが、それを契機に夫婦の絆が強まったように思いました。家族や夫婦の仲に危険信号がついたとき、「悪玉さん」が敏感にそれを察知してくれるのかもしれません。しかしこのような役回りを負う子どものしんどさも、親なればこそ十分に理解してやる必要があります。

逆に「善玉さん」と呼ばれる子どもは、「まるで、自分のことのようによくわかるタイプの子ども」とママが言うように、確かにこのタイプの子どもは何をさせても安全な子どもです。幼稚園でも先生の評価が良く、おけいこごとに行かせてもちゃんとやるし、何をさせても安心な、まるでわが分身かと思わせるような子どもです。幼稚園で親しくしているほかのママから「奥さんとこのミホちゃん、ピアノはできるし、クラスの子どもにも人気があって、ほんとうにうらやましい」と言われるたびに、「そんなことないわよ」と言いながらも、内心ホクホクと喜ばせてくれるような子どもです。

私はときどき障害のある子どものサマーキャンプに参加します。毎年、知的障害のある息子を連れてくるKさんは、ある夏お姉ちゃんも一緒に参加させました。利口そうな感じの六年生です。ところが彼女のキャンプ中の行動を見ていると、何のためにキャンプにやってきたかと疑問に思えるくらい、自分自身が全く楽しんでいません。障害のある弟の世話だけで一日がすぎてしまうのです。母親も彼女のそんな様子をみて満足そうでした。しかし私は思わず「せっかくキャンプにきたのだから、君自身がもっと楽しまなくちゃ。弟さんの世話はお母さんやボランティアがするから」と声をかけてしまいました。

普段は気がつきませんが、家の中での兄弟姉妹関係には、根っこの部分にドロドロしたものがいっぱいひそんでいます。それだけに、親は子どもの気持ちと丁寧につきあってやる必要があります。Kさん一家の場合、お姉ちゃん自身が自分の楽しみをもっと沢山貯えることが、障害のある弟の気持ちを理解することにつながります。そうすることによって、単に弟の世話をするだけでなく、大人になっても弟の人生を支えるような人に育つはずです。

母親だけでなく、家族の期待を一身に背負って頑張るタイプの「善玉さん」は、いわゆる「良い子」と呼ばれる子どもですが、いつも目立つことで家族を引き付けようとしています。ちょうど「悪玉さん」と逆なタイプとも言えますが、その役割は「悪玉さん」と同じで、無理をして家族の目を絶えず自分の方に向けさせている、やはり不幸な子どもとも言えます。

わが子が 好きになれない

子どもに役割を演じさせないで

男の子三人の子持ちのお母さんが来られました。三人とも健康に恵まれ、子どもには不満がないぐらい幸せだと言います。長男はサッカークラブのキャプテンで、学校でも人気者。三男は吹奏楽に凝っていて、結構友だち付き合いも良い。夜はこの二人の友だちからかかってくる電話だけで、ずっと通話中だそうです。

相談というのは、真ん中の次男のこと。クラブに入るわけでもなく、問題は何も事件を起さない代わりに、友達もいないそうです。「ご飯よ」と声を掛けると、一番上の子と三番目の子は「やあー」と声を上げて二階から飛んでくるのに、次男はなかなか食べにこないのです。お母さんはこの頃になって、ようやくこの子の存在が気になり出しました。

兄弟が三、四人いれば、その中に目立たない子どもはいますが、中には目立たないというよりも親が目を掛けてやるチャンスが少なく、いわゆる「忘れられた子」と呼ばれるタイプも存在します。しばしば、次男、次女がこの損な役割をじっと引き受け、それぞれが成人して独立してから兄弟姉妹関係にしこりが残り、親類間の争いとなって尾を引くようです。

このように子ども自身の気質や性格によって、その子の持ち味なるものがつくられていくのですが、同時に、家族がそれぞれの子どもたちに演じさせている役割が、時には子どもの人生を大きく変えてしまうほどの影響力を持つことがあります。たとえ親が無意識に振る舞っていても、子どもにその役割を押し付けている場面が少なからずあります。本来は子どもからその役割という仮面をはぎ取るのが親の仕事なのですが、親のほうがしっかりと自立できていなかったり、妻が夫から十分に精神的な援助を与えられていない場合、母親が子どもに依存してしまって、「悪玉さん」、「善玉さん」、「忘れられた子」、それに「けなげな子」をつくり上げてしまいます。

子どもがまだ精神的に未熟なときは、子ども自身、そのような振る舞

いが親子関係だと信じていますが、彼ら、彼女らが次第に自立の過程を経ていくうちに、自分に与えられた役割のおかしさに気がつき、親への反抗や憎しみとなって、取り返しのつかない親子関係になってしまう危険性があるのです。

時には「馬の耳に念仏」も

不幸な親子関係というのは、親子の中に不自然な冷たさが漂い、親子ともに素直に語り合えない関係だと思います。子どもが親に向かって、喜びや悲しみ、時にはブツブツと不平を言えるような場が、特別に用意されているのではなくて、ごく普通の日常としてあることが大事なのです。子どもを目の前にすると「当たり前になれない」と、ある母親がふと話の端にこぼす言葉を聞きました。なぜ「当たり前」になれないのかを探っていくと、「親のメンツ」という「タテマエ」が立ちふさがっていることに気が付きます。「ここで引き下がっては親のメンツがたたない」という気持ちが親を大きく支配しています。いや、子どもに負けたくないということだけでなく、われわれ親は、特に母親は、世間から子育ての評価を身をもって受け止める立場にあるだけに、失敗した子育ては許されない立場にいます。

子どもと「当たり前になれる」関係をつくり上げないことには、親子の間にはいつまで経っても冷たさやタテマエが幅をきかせ、両者とも身動きができなくなって、ますます不幸な親子関係を作り出してしまいます。

それでは、「当たり前の関係」をつくるためには、親として何をしなければいけないのでしょうか。一言で言えば、子どものものの考え方、成長のしかたを、わかってやることにつきます。子どもはしばしば親に向かって「勝手にする」「放っておいてくれ」「親の世話にはならない」と反抗的に言いますが、親のほうもそれに負けないぐらい、ののしり返したり、言い争ったりしています。しかし、これでは見事に子どもにのせられているのであって、ますます争いが大きくなり、親子の理解が遠のいてしまいます。子どもの挑戦にのせられてはいけないからと言って、じっと我慢をしている親もいますが、親の不満が積もって悪い結果を残すだけです。

「負けたくない」という言葉を使いましたが、子どもを前にしたときに、時には一歩引き下がって子どもに負けてほしいのです。「負けられない」、いや、子どもに負けるようなことをすれば、子どもが図にのって、ますます増長すると心配する人もいます。しかし私は「大丈夫」と言いたいのです。子どもはある時期になると、親の干渉を極端に嫌いますが、たとえ子どもが「勝手にする」と言い放っても、結果的には、子どもにはできないことがたくさんあります。世の中、それほど甘くありません。子どもが壁にぶつかった時点で、手助けをする親がいる関係が、「当たり前」の親子関係なのです。「親のほうが負けてくれている」と、子どもが感じたとき、子どもは自分に押し付けられていた役割から自由になれるのですから。「負けてやる」ことも子育ての大切なテクニックなのです。

過熱するお教室ブーム

私は、以前、東京の青山通りのビルで、知育教育としてよく知られた『ニキーチン積み木教室』を開いていました。この教室では、ニキーチンというロシアのユニークな子育て論提唱者が考え出した、積み木教育を行っていました。たった一年間でしたが、実にたくさんのことを学びました。同時に東京という、幼児の私学ブームと早期教育の過熱する場での雰囲気は、大阪を生活圏にしている私にとって驚きの連続でした。首都圏に限らず、遠くは横浜や埼玉からニキーチン教育を求めてお母さんたちが集まってきていました。

その中で、いまだに忘れられないほど印象深い子どもがいました。彼はいくつかの教室とおけいこごとに通っていたのですが、お母さんのぜひとも積み木も教えたいという願いから、私の教室に足を向けました。「そんなにお教室に通わなくても」と言った私に対して、彼女は「東京に住んでいて、三歳になっても何も教えないなんていたたまれない」と真剣に訴えました。

彼女との会話の間、子どもは黒板にいろいろな漢字や英語をなぐり書きしていましたが、絶えず私たちの注意を引こうとして、自分の書いたものを見てくれとせがみ続けています。自分に関心が向けられないとじっとしていられなくて、くどいように母親に要求します。家庭でもよく似た状況だと言います。私が母親に「子どもの心に知識をいっぱい詰め込むよりも、ぼんやりした心の空間が大切」と話し始めると、彼女もやはり子どもの態度が気になっていたらしく、子どもの落ち着きのなさや会話のおかしさを相談し始めました。私は、子どもの心に空（から）の隙間をつくることが大切であること、子どもはその中にさまざまなイメージや空想を放り込み、そこから想像力や知的な広がりを発展させていくと説明しました。彼女が子どもにすることは、知識を与えることではなくて、長く視線を合わすチャンスを持つこと、うなずいてやること、そしておもちゃで一緒に遊ぶ時間を持つことだと、アドバイスしました。

その後、子どもに変化が現れました。次第に自分の気持ちをしゃべったり、ふざけたりするようになったのです。私は改めて、おもちゃ遊びの意味を彼から学んだように思いました。おもちゃは子どもの気持ちや感情を素直に受け入れてくれるものだったのです。子どもが自分を表現できるようになるのには、限りない安心と自信を与えてやる時間と場を持つことが必要です。そうすることによって、子どもは自分の手の中という小さな宇宙で、おもちゃや道具を触ったり、遊びやおもちゃとの感情の交流を通しながら世の中を理解していくのです。

数カ月後、彼は積み木を積み上げては崩し、崩しては組み立てる遊びに熱中していました。その姿を見ながら、彼が人生の大切な経験—成功(積み上げる)と失敗(崩れる)—を、おもちゃという財産から確実に手に入れてきていると、私は確信しました。

【VI】

子育てができない

家庭の亀裂に傷つく子どもたち

最近の書店の棚には「家族に傷つけられた子ども」の問題を扱う書籍が増えてきました。幼児期に親から暴力的な扱いを受けて育った子どもは、自分が夫や親になったとき、妻や子どもに再び暴力を繰り返していくといった問題です。

先年『FBI心理分析官』（早川書房）というアメリカのノンフィクションが広く読まれ、話題になりました。現代のアメリカ社会で起こる異常な性犯罪を描いた実話ですが、なぜ同じ人間がこのような残酷な行為に走るのか、理解に苦しむような事件や犯罪の光景が扱われています。元捜査官も同じような疑問を持ち、刑務所にいる犯罪者にインタビューをしながら、これら犯人たちの育ち方や家庭をのぞいていきました。そこで一様に浮かんでくるのが、彼らの幼児期の環境の問題です。多くはごく普通の家庭で育っているのですが、家庭の奥底から見える冷たさが、彼らの成長過程に大きな影を落としていることがわかります。

著者が繰り返して強調するのは「凶悪な犯罪者たちは、大人になって突然狂暴になり、異常な犯罪を犯したのではなく、その種の犯罪を犯す以前の子ども時代にその原因があった」という事実です。しかも、彼らは貧しく崩壊した家庭で育ったのではなく、多くは一般的な家庭で育てられ、知的な能力も普通程度だったと言います。しかし、外からは普通の家庭のように見えても、一皮むけば、夫婦仲の悪化、夫の酒乱、失業等から、子どもが肉体的に、あるいは精神的に虐待を受けていたことがわかってきました。親にたたかれて育った子どもは、大きくなるとほかの子どもに暴力を振るうことが知られていますが、著者は、犯罪者の多くは精神的にも虐待を受けていたと主張します。例えば、母親が赤ん坊を段ボール箱に入れて、テレビをつけたまま仕事に行くとか、帰ってきても、食べさせるとすぐにベッドに入れていたために、子どもは幼児期から自分の存在が親にとって邪魔なのだと、思い込んで成長してきたというのです。

私が出入りしている保育園でも、子育て放棄に近い状態で子どもを育てている母親がいる、と聞かされています。一部の母親の話とはいえ、「子育てが下手な母親だ」と聞き流すには問題が深すぎます。

たとえば陽介君は、朝、保育園に来るなり布団に潜り込んで、母親が帰るまで布団から出てきません。保育者がいろいろと話し掛けると、ようやくカメのように顔を出します。敬子ちゃんの日課は、まず保育室を走り回り、手当たり次第に保育道具やおもちゃを散らかし、ほかの子どもとちょっと体が触れただけで、相手を押しのけたり髪の毛を引っ張ったりすることです。保育者がどれほど注意しても、同じことの繰り返し。子どもが保育園に来るまでの生活状況を知りたいのですが、母親は素直に話さないし、しつこく子どもの話をすると、「先生、もういいわ（嫌だ）」と、会話を避けようとするそうです。陽介君や敬子ちゃんが家庭の中で過ごす時間は、彼らにとって大きな重荷になっているのは確かです。

敬子ちゃんの遅刻が多くなってきました。「遅刻しないように」と、母親に注意をしてもまったく効果がないので、保育者が、登園前に彼女の家を訪問しました。「家の中、なんと言ったらいいのか…。まるで、家財道具とゴミの中に寝ているような…」と、保育者は驚きを隠せません。狭いと言っても、普通の市営住宅です。きちんと整頓されている家庭もあるのですから、彼女の家だけが整理整頓ができないほど狭いとは思えません。母親はベッドの中から、「昨日は遅くまで起きていたので」と罰の悪そうな言い訳をしました。ほとんど毎晩テレビを深夜まで見ており、子どもも一緒に起きている様子です。

保育者が敬子ちゃんを保育園に連れていきたいので、着替えとカバンを催促すると、机の下やらベッドの中やら、雑然とした品物の中からかき集めるようにして渡したそうです。

近頃、保育園でしばしば問題となるのは、子どもが自分の持ち物を大切にしない、片付けができないという悩みですが、敬子ちゃんの育てられ方を聞く限り、それも無理はないかもしれません。そして子どもの多くは彼女と似たり寄ったりの生活をしているとも聞きます。

先ほど述べた犯罪者たちに共通の育てられ方は、「親たちから何をしても無視され、行動を規制されることもなく、物を壊してもそれが悪いことだと教えられなかったゆえに、自分の周りに他の人々も暮らしているという意識が希薄で、自分中心的にしか世の中をとらえられなかった」ということです。私は、ある幼児教育雑誌の特集で、都会と田舎に暮らす家庭の「子ども部屋」を対比した写真集を見たことがありますが、両者とも子どもたちは「物持ち長者」でした。押し入れや段ボール箱に山のように、子どもが興味をなくしたプラスチックや合金おもちゃが詰め込まれていました。著者の意図に、日本中どこもかしこも同じですよ、という悲しいニュアンスを感じました。

親の気まぐれ、子どもの戸惑い

保育園で話題となる母親は、子育てに無関心なのかと言えば、必ずしもそうではありません。世話したり、叱ったりはしているのですが、場当たり的にやるので、子どもが迷ってしまうのです。朝、子どもを送ってきたときには、「チュ!」と子どもの顔にキスをしていた母親が、夕方、子どもを迎えに来たときは、彼女も相当に疲れているのでしょう、子どもが保育室でグズグズしていたり、靴をはくのが遅いとなると、罵声とともに子どもを玄関先に置き去りにして帰ってしまう姿を見かけます。わめくように泣き叫んでいる子どもを抱きかかえて、保育者が親の後を追っかけています。

こうした親は叱るときとほめるときの基準が、そのときの気分で左右され、子どもの気持ちを受け入れるだけの余裕を持っていません。親の子どもに対する態度に一貫性が欠けるのは、彼女たちに共通です。幼児期に親から不安定な愛情しか与えられなかった人が、自分が親になったとき、子どもに一貫性のある態度が取れないことが多いようです。

幼児虐待というのは、世間では子どもを肉体的に傷つける行為と考えられていますが、敬子ちゃんのように生活の基本を教えられなかったり、親から一方的にののしられている場合にも、子どもは精神的に傷つけられているわけですから、一種の幼児虐待と言うことができます。いったい、なぜ親たちは子どもを邪魔者扱いするようになったのでしょうか。

彼女たちの育ちの歴史から、いくつかの答えが出てきます。母親たちの話の端々に出てくる事柄をまとめてみると、彼女たち自身が幼児期に親から邪魔者扱いを受けてきたことが挙げられます。「自分が親にとってあまり重要でないことは、子どもながらにも感じていた」と、彼女たちの一人は言います。嫌な存在の親であっても、現実の生活において、子どもは親なしでは生きられないために、「嫌な親」が指示したり叱ったりする行為を、自分が悪いのだから仕方がないと正当化します。しかし、親の行為を肯定すればするほど、自分の気持ちを否定しなければな

らず、子どもはジレンマに陥ってしまいます。考えてみれば、彼女たち自身が自分を肯定（大切に）するチャンスを失った、気の毒な母親なのです。

敬子ちゃんのお母さんの対応に追われていた保育者たちに、陽介君のお母さんが彼を置き去りにして他の男と家出をした、というニュースが飛び込んできました。子どもはおばあちゃんが世話することで、一時的な解決はしましたが、陽介君の不満が一層ひどくなり、保育者を新たに悩ませています。実は、陽介君のお母さんは、これまでも数回離婚再婚を繰り返し、陽介君のお父さんもはっきりとわからないという噂です。彼女が男から男へと渡り歩くたびに、陽介君が犠牲になっています。彼を世話し始めたおばあちゃんの話によると、娘が生まれた頃、彼女自身が若くて、しばしば子どもをたたいたり、置き去りにしたとのこと。「あの子をあのようにしてしまったのは私だ」という悔いが、今、孫の世話を懸命にするという形で現れています。

たまたま、敬子ちゃんや陽介君のお母さんの話として書き始めましたが、彼女たちは正直に自分の感情を行動に移しているだけなのです。そして私が子育て相談で出会う多くのお母さんの心の奥にもよく似た気持ちが渦巻いています。子ども時代に家族から与えられたさまざまな傷が、それぞれが成人して子どもをもうけた時点から、わが子を対象に虐待や子育て放棄となって現われてくるのは、ほんとうに恐ろしいことです。彼女たちは、家族の中で自分の場を持つことがなく、自分を肯定的に見る目を失ったために、自己表現がうまくできず、他者との正当な関係を築く手段を知らないという傷を受けています。子どもが自分の思い通りにならないからと言って、子どもをたたく理由も、自分の感情と子どもの感情を同一視し、「きっと、子どもは自分が期待していることをしてくれる」と思い込むためです。子どもの行動が自分の考えと違うときに、彼女たちの幼児性がムカッと頭をもたげてくるのです。

陽介君のお母さんが家出をしてから数カ月後、彼女がこっそり「おばあちゃんには内緒」と、保育園へ子どもに会いに来ました。息子を抱き締める姿を見て、担任の保母は胸をなでおろしました。園長の許可を得て彼女は息子を胸に抱いて外に出かけましたが、数分もすると再び戻ってきて、子どもを保母に手渡して帰りました。子どもと別れて暮らすうちに、彼女の気持ちの中にも子どもへの愛情が生まれてきたようですが、彼女にはそれを素直に表現し、子どもを精いっぱい抱き締めるだけの自信がまだありません。これから先、どのような人生を歩んでいくのかはわかりませんが、子どもとの触れ合いを通して、まともな人間関係を築き、母親としての力を身に付けてほしいと願うだけです。

心の安定はミラーリングから

「先生、この子憎たらしいでしょう」と、冗談半分にしてはきついことを言うお母さんが時々います。彼女がイライラさせられるのは、子どもがいっときも落着かなくて、彼女が振り回される日々だということです。私の机の前に座っても、美代ちゃんは書類やコンピューターを触っています。横に座っているお母さんも、子どもの動きが気になって落ち着かず、ついつい叱りつけています。

幼児期の子ども相談では、母と子のリズムがうまく合わず、親がいつもイライラしている姿を見かけます。美代ちゃんに限らず母親が苛立つにつれて、子どもの動きは一層激しくなるようです。母子のボタンの掛け違いがどこで起こったのでしょうか。

幼児期の子どもの心の安定感には、ミラーリングが必要だといわれています。ミラーリングとは、鏡に映すこと、つまり、子どもが「自分が誰であるか」を知ることです。自分のしぐさや表現を鏡に映すように、子どもは映し出してくれる人（親や保育者）によって自分自身を理解していきます。

幼児期の子どもの多くは、世の中に起こるすべてのことが、自分中心に成り立っていると考えています。騒ぐこと、動くこと、要求することが、自分の思い通りになると信じている時期なので、自分と他者との分離が不十分です。いわば、あいまいな空間に生きているようなものです。しかし、目の前に鏡のように自分の行動を映し取ってくれる養育者がいれば、子どもは自分を客観的に確かめることができます。手を差し出すとおもちゃがある、スプーンを握ることができる等、子どもは自分の周辺のものごとを確かめるのと同じように、自分自身も親や他人とは別物だと、確かめる必要があるのです。

美代ちゃんの激しい動きの原因は、十分なミラーリングが行われなかったせいではないかと思います。お母さんには思い当たることがいくつかあったようで、ゆっくりと子どもの動きに合わせるかのように、遊んだり、話し掛けたりして、余裕のある親子の関係を修復する作業をしています。表情の硬かったお母さんの顔にも、子どもの遊びにつられて、にこやかさが見られるようになりました。それにつれて、美代ちゃんの心も次第に落ち着きを取り戻していきました。

【Ⅶ】

子どもをテレビづけにしないで

テレビっ子は視線が定まらない

「夜泣きがひどいんです」と、赤ちゃんを抱いたママが、私の前に座るなり話し始めました。私が毎月受け持っている大手デパートの『赤ちゃん相談』の一こまです。「そんなに泣くの？」と尋ねると、女学生のように「うん」とうなずきながら、夜泣きの様子をしゃべり始めました。なかなか寝つきの悪い赤ちゃんであることはわかりましたが、驚いたのは、彼女の夜泣き防止法がテレビに頼っていることでした。テレビを消したら泣くので、赤ちゃんが寝つくまで、テレビをつけっ放しにしているそうです。私は赤ちゃんの発達検査の一つである追視検査を行ってみました。赤ちゃんの顔の前で、おもちゃのガラガラをゆっくりと左右に動かしてみたのです。すると、この赤ちゃんは不思議な行動をしました。普通はおもちゃの動く方向に目を動かすのですが、この赤ちゃんは目をキョロキョロとさせます。じっと目をすえて見つめることができません。なんとなく目の動きもうつろです。

発達に問題があるとは思えないのですが、興味あるものが目の前にあっても、それを凝視しない赤ちゃんの行為は、われわれのように専門的に赤ちゃんの発達を観察している者には気になります。赤ちゃんの発達で一番大切なことは、見る（視覚）感覚だと言われるだけに、たえず目をキョロキョロさせている赤ちゃんは要注意です。そして、こうした赤ちゃんには、お母さんが乱暴にテレビをつけたままの状態にしているケースが多いことを考えると、テレビが及ぼす影響もあながち否定はできません。

テレビが子育てにどのような影響を与えるのかは、まだはっきりとした研究がされていないだけに、テレビが子育てに悪影響を与えるとは簡単に断定することはできません。また、現代のわれわれの家庭生活にとって、テレビは必要という以上に、文化と情報提供の大半を担っていることが確かなだけに、一方的な判断は下せません。しかし、テレビはわれわれに、特に子どもに、何を与え、何を奪ったのか、検証する必要はあるのではないでしょうか。

一九六〇年にNHKテレビ(白黒テレビ)の受信契約数が十万台を突破したと、マスコミに騒がれたわずか五年後には、一千万台という驚異的な数字が発表されました。日本の社会がいかに急激な変化を遂げてきたかを物語っています。当時、私の家ではテレビを買ってもらう余裕がなかったので、友人の家に通い、テレビを見せてもらっていました。また、町の電気屋のショーウィンドーに写される力道山(プロレスの英雄)の勇姿を見るために、大人の中に混じって必死に見ていた高校時代もなつかしく思い出されます。

テレビが日本人の生活に奥深く入り始めた理由はいろいろと考えられますが、政府の所得倍増政策の掛け声とともに、国民全体が高度成長の道を歩み始めたことも、その理由の一つです。同時に、日本社会にはかつて経験したこともないような、人口移動と言えるぐらい大規模な人口の都市集中が起こりました。当然、都市部を中心に核家族と呼ばれる新しい家族形態が出現します。日本の歴史上、人口移動といった体験は皆無であり、核家族という生活経験もなかったに違いありません。人口移動と核家族がその後の日本の発展を支えましたが、今日あらゆる場所から吹き出した社会的な矛盾は、この時期にまかれた種が原因ともなっています。

人口移動と言うとやや大げさに聞こえるかもしれませんが、東京や大阪に巨大な田舎を再構築したような社会が誕生したといっても言い過ぎではありません。マンションといった高層建築の中での垂直型の生活形態と、隣人とはコンクリートで隔離された空間に、テレビは人々の心をいやす格好の情報と娯楽のボックスとして入り込みました。テレビの急激な普及の背景には、テレビが核家族の精神的な支えとなってきた事実がうかがえます。

遊び友だちはテレビ

　テレビの普及が子どもたちの生活空間を、家の外から家の中へと囲い込んだ事実も見逃せません。高度成長の恵みとして、日本人の多くは所得倍増という成果を手に入れました。それは国民一億総サラリーマン化への道をつくり出し、高度成長を支え続けるために、企業に期待される優秀な人づくりも必要とされました。人材育成が受験勉強と合致したとき、受験社会を生き抜くための子育てが母親の手に一任されました。受験社会から落ちこぼれた子どもは社会の落伍者に等しいとの認識から、親の多くも子どもを激しい受験戦争に駆り立てていきました。こうして生まれたのが、家の中に子どもを囲い込む生活です。それは伝統的な日本の子どもの生活習慣から見ると、実に珍しいことでした。

　昔から日本の子どもの遊びは、「外」で遊ぶことが基本でした。室町時代に描かれた屏風画の中には、庶民の子どもが裸で虫やカエルを捕ったり、ヘビにいたずらをして遊んでいる絵がたくさん描かれています。私の記憶をたどっても、ちょっと騒がしく遊ぶと、すぐ「やかましいから外で遊べ」という怒鳴り声が聞こえてきました。

「内」に入ることによって、子どもたちの生活サイクルはすっかり変わりました。企業戦士並みに組み立てられたスケジュールに従って、家と学校と塾の三角点を往復する日々です。また、高度成長は全国にモータリゼーションの波を起こし、都会には高速道路建設、ビル建設のラッシュが押し寄せました。こうして、従来は子どもの遊びのサロンとして守られてきた路地裏や空き地がなくなりました。地方都市においても、道路が地面からアスファルトへと作り替えられたために、地面に釘や棒で文字や絵を描く遊びが消えました。

そこに入り込んできたのがテレビです。それ以来、テレビが子どもの遊びの中心となりました。そのテレビの効用に一番早く気が付いたのが、子ども相手のおもちゃ産業や菓子産業です。それまでは子どもに売れるおもちゃや菓子は、路地裏を商圏とする駄菓子屋が守ってきたのですが、テレビ広告の驚異的な効果を研究したこれらの産業は、駄菓子屋商法をテレビの媒体（メディア）にのせました。鉄腕アトムや鉄腕21号といったアニメが放映され、アニメをテーマにしたおもちゃが爆発的に売れたり、キャラクターグッズを集めるために、毎日菓子屋に足を運ぶようになったのもこの頃です。

テレビは企業ばかりでなく、遊び場を失った子どもたちにとっても大いに有効でした。それまでは路地裏やあき地の原っぱでの仲間遊びが中心でしたが、過密スケジュールで時間をこなしていくようになると、子どもにとっても仲間と遊ぶことは結構面倒となりました。なぜなら、仲間遊びというのは自分だけの勝手な行動は許されないし、好きなときに抜け出すことも不可能だからです。遊びには、子どもなりの付き合いや仁義のようなものがあって、わがままな行動は認められません。それに対して、テレビは余計な付き合いや義理もいりません。好きなときに見て、好きなようにチャンネルを変えて、つまらなくなれば切ればいいだけです。

アメリカに見るテレビの影響

子どもとテレビについて論じる際に、引き合いに出されるのがアメリカです。テレビ先進国としてのアメリカでは、テレビが子どもに与える影響がいろいろな角度から論じられ、時には危惧されてきました。日本でも数年前に、『テレビに子守をさせないで』という本が、多くの教育者や親に読まれました。アメリカ社会と同様に、子どものテレビづけが大きな社会問題となってきたのです。特に、その論点は乳幼児期の子どもの脳の発達に向けられました。子どもが長時間テレビの前に座っていることから引き起こされる危険が論じられたのです。

それによると子どもがテレビを見始めてから最初の二〇分ぐらいは、活発で波長の長いベーター波の活動が脳内に起こり、子どもの精神活動はむしろ積極的な刺激を受けます。しかし、それ以上見続けると、次は緩慢な波長のアルファ波に変化し、脳の活動が消極的になります。目はテレビを見ていても、脳の反応が不活発になるのです。こうしたぼんやりした状態が日常的に長続きすることによって、ものを考えない子どもが増えてきたという危惧も生まれてきました。

「子どもの発達上の問題とテレビとには、関連性がある」と、アメリカで最初に危機感を表明したのは、子どもの現場にいる保育者たちでした。保育室の中で、想像を絶するような子どもたちの騒がしさが問題になったり、保育者の話に耳を傾けることができない子どもたちが増加したのです。保育室での子どもの騒がしさは、アメリカに限らず日本においても同じことが言えます。子どもたちの聞く力をテレビが奪った原因は、強烈なテレビ刺激が子どもの柔らかい脳では十分に消化できないからと、推論されています。夜遅くまでテレビを見ている子どもたちは、脳にため込んだ未消化な刺激を翌朝の保育室まで持ち込んできてしまうのです。毎朝のように、昨夜のテレビが保育室でのアニメや戦闘ごっこの中で再現されています。

いったいテレビの何が危険なのでしょうか。長時間テレビづけにしたときの脳の問題はすでに述べましたが、もう一つ子どもの脳に危険だと考えられるのは、テレビの与える独特な刺激のパターンです。

　テレビは見ている人間により効果的な印象を与えるため、突然ノイズ（音声）が高くなったり、画面が明るくなったり、ズームアップの手法を用います。これは見ている人の視覚や聴覚に戸惑いを与え、有効な刺激と印象を作り出しますが、脳はこれらの刺激が襲ってくるたびに防衛反応を起こします。つまり、ハッとして、脳に緊張状態を起こすのです。脳に防衛反応や緊張状態が発生したときは、その刺激を和らげるために、体を動かしたり、時には跳ね回ったりして刺激にうまく対応すれば問題はないのですが、子どもたちはテレビを見る条件として「静かに見なさい」と言い渡されています。強い刺激が大量に送られてきたときに、体を固定したままテレビを見続けると、いつのまにか刺激に反応することができなくなってくるとともに、刺激をコントロールすることもできなくなります。保育園での子どもたちの多動と騒々しさの原因は、こうした刺激にあると私は考えます。

このように、テレビが家庭生活や子どもに与える影響には、良くも悪くも計りしれないものがありますが、私たちはもうテレビと離れて過ごすことができないぐらいに、テレビ情報との共生が避けられません。今後、テレビが私たちの生活でどのような位置を占有するのかは未知ですが、これからの多チャンネル時代やインターネット時代に向けて、十分な必要情報を効率よく選択できる能力だけは、子どもたちに身に付けさせたいものです。

テレビ文化と子どもたち

私の世代は「映像」として始めて慣れ親しんだのが劇場映画ということもあって、どんなにあこがれ、ドラマのヒーローやヒロインに感情移入したところで、しょせんドラマの架空の世界と現実には橋渡しのできない空間的な違いがあることを感じ取っていました。ところが、ふと目を通していた本（香山リカ著『テレビゲームと癒し』岩波書店）から、かなり衝撃的な内容が飛び込んできました。改めて、テレビやテレビゲーム、そしてパソコンが私たちの生活に与えている意味を問い直さなければいけないのではないかという、示唆が提供されていたのです。それは一人の精神科医の目から、患者である分裂病の青年の姿を描いたものでした。

高校生の時から分裂病が始まり、二〇歳のときから一五年以上入院生活を送っている青年は、他の人との対話もなく、一日中病院の廊下を行き来したり、ホールの隅からテレビをそっと見ているだけで、自分から何かやろうとする気力にも乏しく、面会に来た母親にも表情を変えないそうです。医師は彼がテレビアニメの『ルパン三世』が好きで、入院前には『スペース・インベーダー』ゲームに夢中になっていたことを知り、彼との対話を始めます。「ルパンがかっこいいから？」「インベーダーをやっていると勇ましい気分になるから？」と誘導しても、彼は「いいや」と返答するばかり。あるとき、小声で「ルパンのビデオからいい感じが来た。カラー放送の色とか音から。インベーダーも音がいい。粒の動きも。画面がいい色」と、彼が答えたのです。

医師がさらに質問を続けます。「ほかのアニメやゲームではだめなの？」すると、彼は沈黙の後で、「ガムテープ、粘土、氷になる」と答えました。その意味については答えないのですが、彼はアニメやゲームの物語性には息苦しさを感じるのではないかと、医師は分析をしています。テレビから放たれる音や色の粒子が彼を生き生きさせていると推論すれば、私たちがテレビに持っている情報や娯楽性がまったく否定され、電子に共感を抱く若者が現れ出したと言うことができます。そこに、私は恐怖感に近いものを感じてしまいました。

今、私の家庭にあるテレビは、食卓や戸棚と同じように、当たり前のものとして、生活空間を占めています。いや、単なる物としての存在を越えたものとして、わが家の精神的な支えとして、私自身の感情や判断力に深く入り込んでいることも確かです。テレビが子どもに与える影響について書き始めた私自身が、すでにテレビの影響から逃れられない事実を考えると、私たちはテレビの与える精神的な影響を、単なる善悪論で論じるだけでなく、新しい価値観を伴った存在として、考え直す時期に来ているような気がします。

エコーリングの効用

「言葉が遅い」という相談が、最近ますます増えてきました。特に「保健所の検診で遅れが指摘されたから」という訴えが多いのですが、「指摘されて初めてわが子の問題に気が付いた」という母親も少なくありません。

確かに、子どもの発達上の問題から、例えば、自閉傾向や知的な遅れが原因となって、言葉の遅れが表面に出てくる場合もありますが、相談に持ち込まれる多くは、親子関係が原因で生じる遅れです。子どもを可愛がってはいるが、「泣けばおっぱい」「ぐずついたら、おっぱいやジュース類」の連続で、あやす、視線を合わせる、といった関係が希薄です。特に、言葉というものは、子どもの発する音声を、母親が翻訳機のように自分の声に移し替える作業を通して関心が生まれてくるだけに、直ちに親子関係の難しさが表現の問題として表面化してしまうのです。

Yさんは高年齢出産ということもあって、子どもをまるで縫いぐるみのように、大切に育ててきたと言います。ただ、子ども自身がおとなしい子だったので、ミルクを飲ませてオムツを取り替えておけば、まったく手が掛からなかったとも言います。他の若い母親たちが、夜泣きが激しくて「おちおち眠れない」と苦情を言うのを横で聞いて、わが子の育てやすさに喜んでいたそうです。しかし、保健所の検査で、言葉の遅れを指摘されたときには、「こんなにおとなしくて、育てやすい子が」と信じられなかったと言います。

私ができるアドバイスは、たった一つでした。子どもが声を出したとき、それがまったく言葉になっていなくてもいいから、子どもと同じ発声や言葉を「エコーさせるように、子どもに返してやりなさい」。これは「エコーリング」と呼ばれ、子どもが声や言葉に関心を持つチャンスだと教えました。言葉もしゃべれない子どもに、話しかけるのは恥ずかしいというお母さんがいますが、言葉は決して自然に身に付くものではありません。身近にいる親や養育者の声やしぐさに興味を持ち、それを手本にしてしゃべり始めるのですから、親が無口であったり、子どもへの関心を失えば、子どもは人と会話をする勇気を失うのです。

【VIII】

子育てのゆくえ

子育ては誰のため？

「子育て」という言葉を、私はこれまで何気なく使ってきましたが、この言葉は学術用語としては認められていません。心理学や教育学（保育学）のように、学問の分野としては確立していないのです。「家族論」「児童心理学」「発達学」「児童文化論」といった講座はあっても、「子育て学」という講座のある大学はないように思います。

話はちょっとずれますが、私が関心を持ち続けているおもちゃにしても、「おもちゃ学」という学問分野はありません。その理由としては、子育ては親がする日常の行為という意識があるため、わざわざ学問として研究する種類とは考えていないこと、「子育てとは何か」をはっきりと学問的に定義できない難しさがあることが挙げられます。例えば、子育て相談に来る母親に耳を傾けていると、子どもの排尿を非常に気にする人が乱暴な遊び方には寛容であったり、食べないことを心配する母親がおもらしには広い心で接しているといった具合に、子育てという行為は子どもとの関係の中で行われ、しかも極めて個人的な事柄であるゆえに、「定義」を確立することができないのです。

「子育て」という言葉が使われ出したのは、江戸時代頃という説があります。当時の幕府の政治に苦しみ抜いた農民たちの間には、生活の苦しさから妊婦の体を傷める悲惨な形で、子どもを産むことを抑制したり、間引きといって生まれた赤ちゃんを周囲の合意のもとに殺してしまう風潮がありました。こうした風潮による子どもの数の減少は、農民経済によって支えられていた江戸幕府にとって、経済的基盤を揺るがす問題になりかねません。そこで、幕府は庶民や農民に子どもを産むことを奨励し、その一つの手段として、親が子どもを育てる大切さ（儒教的精神）、つまり子育ての大切さを説き始めたというのです。

現代は昔と異なり、単に、社会的な危機感から量的に子どもを増やせと言っても、女性たちは子どもを産む気にならないし、子どもの数の減少を食い止める根本的な問題解決にはなりません。さらに、今はやりの子育て講座のように、子育ての大切さを親の意識に植え付けたり、百家総論的な子育て評論家（私もその一人のようです）が子育ての危機を説き、母親たちに精神的な負担を与えるようなやり方は、産み育てる側の事情を無視した論議のようにも思われます。

親たちにとって、「子どもを産み育てることは楽しい」という実感よりも、育て上げる不安感のほうが強いというのが、現代の子育ての難しさです。私も母親たちの悩みを聞いていて、親子関係のあり方に身震いするような危うさを感じるときがあります。「育てる」楽しみの中に、親の「育ちの」喜びも感じられるような、新しい親子のあり方をどのようにつくり上げればいいのか。私も手探りですが、親と子に視点を当て、何が問題なのかについて考え続けていきたいと思います。

不幸な子育てが引き継がれていく

中学生の校内暴力が激しくなったS校で、中心的な存在の三年生Kが警察に逮捕される事件がありました。彼らの暴力の特徴は、毎日学校で、数百枚の窓ガラスを割るといった建物破壊と、徹底的に教師をねらった連続暴行でした。不思議なくらい生徒間の争いがなかったぶん、先生たちに被害が出ました。Kの担任は毎朝家に彼を迎えに行くぐらいの熱心な人でした。Kは学校に連れてくると破壊行為を繰り返します。そのような彼を「なぜ迎えに行くのか」尋ねたとき、担任の教師は「家に置いておくことのほうが危険だ」と言いました。そのとき私は彼が言った意味を十分に理解できませんでしたが、その背景にKの家庭的な難しさを薄々感じ取りました。

偶然から、私はKの母親と会いました。彼女の長男が警察沙汰を起こして

いるとは知らなかったのですが、彼女の子どものことで保育者から相談を受けたのがきっかけでした。保育園では彼女の四番目の子どもを預かっていました。彼女の赤ちゃんは、ベッドに寝かせると、体を反るようにして泣きわめくので、保育者が一日中抱っこしている状態だったのです。母親に家庭での様子を聞くと、赤ちゃんが泣くとおっぱい、泣けば抱くという育て方をしていました。「泣くとかわいそうなので、抱いてしまう」そうです。そのため赤ちゃんにはすっかり抱き癖がついてしまいましたが、「保育園でも同じようにしてほしい」というのが母親の言い分でもありました。彼女はこの四番目の赤ちゃんがたまらなく可愛くてしかたがないようでしたが、大事にしているわりには、「遅刻は多いし、夜中に赤ちゃんを起こしてファミリーレストランに行く」と、保育者はこぼしていました。

「泣けばおっぱいといった育て方は必ずしも良いことではない」と、私が話を始めると、「上の三人には苦労かけたから」と答えます。一九歳で問題を起した長男を産み、数年間は自分で育てたが、後は母親(祖母)任せで、家出同然の生活を繰り返していました。そして、二番目、三番目の子どもを産むのですが、それぞれの父親が違うと言います。知り合った男と仲良くなり、一時の同棲生活を営むのですが、それが長続きせず、子どもを連れて実家に帰ってくる、すると母親が再び子育ての大半を担うといった生活歴が続けられていました。彼女が若いときの自分だと見せてくれた写真には、今はやりの茶髪に眉をそり上げた、険しい顔つきの娘がいました。詳しい話はありませんでしたが、彼女自身、自分の父親が好きになれなかったこと、彼女の母親も夫の行為に愛想を尽かして家出を数回していたこと、その時期には親類のおばさんの手で育てられたことがわかりました。

彼女の話を整理すると、父親は真面目でおとなしいタイプでしたが、しばしば仕事の関係で金銭上のトラブルを繰り返し、そのたびに酒を飲んで家の中で暴れたそうです。外では一言もしゃべらないような物静かなタイプであるがゆえに、世間の人々は酒を飲んで暴れるとは思ってもいなかったようです。父親の金銭上のもつれは、決まって人間関係が原因でした。よく働く人でしたが、約束を実行しない、ルーズで気が弱い父親だったと言います。母親はこのような夫から逃れる手段として、他の男と浮気し、子どもを置き去りにしてしばしば家出しました。

写真に写っているように、彼女はツッパリ娘として、外ではグループの番長的な存在でしたが、家の中では両親の関係を取り持つ役割を演じていました。母親が一時的に家出をしたときも、彼女が母親代わりに父親の面倒を見、妹の世話もしていたのです。

彼女はある意味で、普通の家庭で育てられたのではなく、家庭が本来の機能を果たさず、子どもを受け入れる能力に欠けている、いわゆる「機能不全家庭」と呼ばれる家庭で育ちました。このような家庭で育てられた子どもが成人して家庭を持つ段階になると、自分が育ったように子どもを育てる傾向があります。多くの親は自分の育てられ方と同じ育て方をするものですが、機能不全家庭の子どもの場合はその傾向がより著しいといわれます。彼女は男から男へと渡り歩くような生活のすえ、四人の子どもをもうけますが、選んだ男はすべて気が弱くて人間関係が積極的に取れず、世間に対してもいいかげんなタイプでした。結局父親によく似たタイプの男を配偶者として選んでいたのです。そして、娘時代に母親代わりに父親を世話したように、四人の男たちのことも世話してきました。

彼女の子ども時代の家庭生活は決して楽しいものではなかったのに、なぜ、彼女はそれと同じことをわが子に繰り返していくのか、彼女と同じような子育てをしている他の母親に出会う機会も多いだけに、このような世代間伝承とも言える育て方をどうすればストップできるのか、私に与えられた重い課題です。

最近日本でも、アメリカの崩壊家庭から生まれた「アダルトチルドレン」の存在が話題になってきました。戦後五〇年をかけて、日本が伝統的な家族形態をすっかりなくしてしまった証拠のように思います。「アダルトチルドレン」と呼ばれるアルコール依存症の親のもとで育てられた子どもは、自分が家庭を営む段階になると、自分が受けた育てられ方と同じやり方を繰り返します。私が子育て相談や保育園で出会う親のタイプとよく似ています。子どもが思いのままに自分をさらけ出せる安全なゆとりが家庭になく、夫婦や子ども間にも強い緊張が走る日常生活を送っているのがその特徴です。

子どもに救われる

世間からおとなしいと思われている父親が暴力を振るい、しかもその暴力を隠さざるを得ないような秘密のある家庭には、絶えず緊張感が漂います。そのため、そこで育てられた子どもは、自分を気楽に表現することができないだけでなく、自分を低く評価し、自信を失っていくといわれています。子どもはこのような家庭から逃げることができないために、じっと我慢するか、機能しない家庭生活を仕方がない状況と受け止め、彼女の娘時代のように、逆に暴力を振るう父親を世話することで、自らの不幸な立場をごまかします。当然、そのようなごまかしは、子どもの心に空虚感だけを積もらせ、やる気や対人関係への積極性を失わせます。彼女の場合は、空虚な気持ちを男から男へと渡り歩く生活によって満たそうとし、離れていく男をつなぎ止める手段として子どもを産み育ててきました。

彼女の生き方を「アダルトチルドレン」の生き方とダブらせて考えてきましたが、彼女がこうした生き方を続けていくとしたら、そこには出口のない人生があるだけです。しかし今、彼女にわずかながら、人生の出口が見えてきたと思われることがあります。保育園に赤ちゃんを預け、保育者とのやり取りを通して、育てる楽しみを理解し始めていることです。担任の保育者が笑いながら言うには、彼女が書いてくる便りに、いつも同じように「大事にしてやってください」と一言添えてあると言います。彼女の気持ちの中に、子どもへの思いが確実に増していっている様子が、日々の子どもへの接し方からわかるそうです。

自分が育って来た不幸な家庭の中で積もり積もってきた空虚感と、それを埋め合わせてくれるかのような子どもの微笑みとの間で、彼女は今、苦しんでいます。ツッパリの仮面の下、心の奥底にずっと隠し続けてきた本来の彼女自身が、子どもによって呼び戻されることを願うだけです。

たたかれるのは、自分が悪いから

「ちょっときつく叱り付けると、嘔吐をするような格好をするので、その姿に情けなくなり、さらに強く叱ると、本当に食べたものを吐き出す。いつのまにか子どもの言いなりになりがちです」というお母さんから相談を受けました。

子どもは親からたたかれたり、言葉で強く叱咤されると、大声で泣き出したり、嘔吐したり、時には自己睡眠に入ることがあります。このような状態が繰り返し行われると、一種の自家中毒症状が起こり、自分から逃げ出す手段として身体的な異常を表します。幼児期の子どもは親から叱られたり、たたかれたりしたとき、たとえその行為が親の感情的な乱れや都合で行われていても、親が悪いとは考えません。なぜなら、子どもは親の存在がなくては生きていけないことを無意識に知っているからです。親に依存して生きているがゆえに、親を否定する気持ちが起こりにくく、むしろ親の行為を肯定します。「たたかれたのは、自分が悪いからだ」と自分を納得させます。たたかれ、叱られるたびに、自己否定が子どもの中で行われますが、感情的には納得できないために、心の底にある怒りが嘔吐や睡眠状態といった体への反応となって出現するのです。

小さい時から、子どもの気持ちの中で自己否定が継続的に行われると、自分に自信が持てなくなるだけでなく、自己否定に慣らされることで、他者の気持ちや感情を否定する衝動が強くはたらくようになります。保育園や学校の集団で生活する子どもたちの中に、自分を表現できなかったり、素直に友だちと協力できないタイプの子を見かけますが、彼らの多くは自分への自信のなさが原因となっています。

「先生の言うことはわかるのですが、子どもの泣き声を聞いたり、嘔吐する姿を見せ付けられると、つい手が出てしまうのです」という彼女自身の幼児期の育てられ方を振り返ってみると、同じように親からたたかれ、泣いたり、吐いたりを繰り返していたことがわかります。心の奥にしまい込んでいた思い出したくない自分の幼児期の姿を、わが子に再現させられると、いたたまれなくなって手が出るようです。嫌な経験をわが子に繰り返させないためにも、私たちは自分の育てられた過去を、たとえそれが悲しいものであっても、振り返る作業が必要となります。

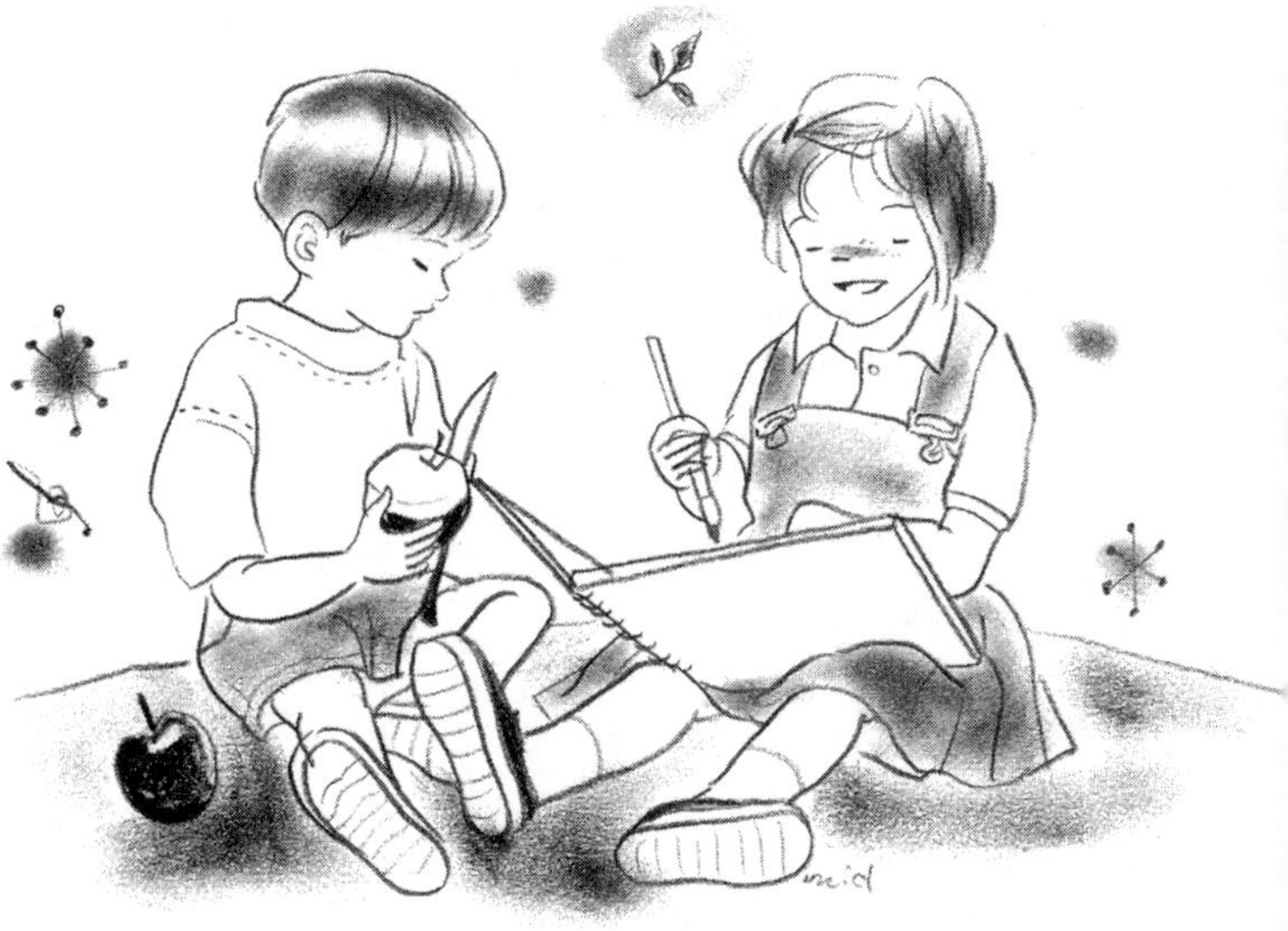

おわりに

幼児虐待が毎日のようにマスコミに取り上げられている昨今ですが、私が相談の場で出会う親子問題の多くは、親の都合で子どもの人生を振り回しているような実例です。身近な例では、夫婦喧嘩と家庭不和からくる親の精神的不安定、そして離婚にいたるトラブルです。お母さんは統合失調症的な状態が長く、自分でも苦しんでおられるようですが、子どもを抱いた無表情な姿に痛々しさを感じます。最近は、〝できちゃった結婚〟の若い夫婦や離婚家庭の経済的な問題を伴った家族問題が、急に増えてきたように思います。そしてそのしわ寄せは子どもにのしかかったままで、私が相談という場でお手伝いできる限界を超えてきたことをひしひしと感じています。また、強い信条や思想に生きがいを見つける親の生き方に、子どもがつきあわされるという難しい問題もあります。子どもが成長の過程でもつ反抗やつまずきを、親の力や信条的な考え方で治してみせる、と親の都合が中心になった家族のあり方は気になります。しかし、相談話に耳を傾けていると、表面的には夫婦不和や経済的な問題のようですが、その根っ子には、親自身がほんとうの自分と出会えていない心の問題が見えてきます。とくに、家庭に入るまでは職場で男性と肩を並べて仕事をこなしてきた母親が、〝出産して分かったことは、子どもは私の時間のすべてを奪う〟と本音をもらすこともよく見受けますが、親たちが自分らしさの値打ち（アイデンティティー）を見つけられないままに、子どもに寄り添うために、子どものアイデンティティーも認められないようです。

版元をあらためて上梓という形でこの本を再び読んでいただけることに、多くのご尽力をいただいたオクターブ社長光本稔さん、編集工房花月の花月亜子さんに深く感謝します。

二〇〇五年初夏

辻井　正

子どもの痛みがわかりますか

悩みコクフク！子育てBOOKs③

2005年7月20日　初版第1刷発行

著者……………………… 辻井《つじい》　正《ただし》

発行者…………………… 光本　稔

発行……………………… 株式会社 オクターブ
〒112-0002 東京都文京区小石川2丁目23-12
エスティビル小石川4F
電話 (03) 3815-8312
FAX (03) 5842-5197

本文イラスト…………… 清水みどり

編集協力………………… 花月編集工房

印刷・製本……………… 凸版印刷株式会社

ISBN4-89231-036-0 C0037